M. Katharina Horn

Geheimnisvoll

Bildmeditationen zum Rosenkranz

Mit einführenden Texten
von Patrick Martin

Don Bosco

Bibliografische Information Der Deutschen Bibliothek

Die Deutsche Bibliothek verzeichnet diese Publikation in der Deutschen Nationalbibliografie; detaillierte bibliografische Daten sind im Internet über http://dnb.ddb.de abrufbar.

e verlags gruppe engagement

1. Auflage 2004 / ISBN 3-7698-1457-6

Umschlag und Layout: Margret Russer
Umschlagmotiv und Abbildungen: M. Katharina Horn
Produktion: Don Bosco Grafischer Betrieb, Ensdorf

Gedruckt auf umweltfreundlichem Papier.

Inhalt

Vorwort

Ich freue mich sehr, dass der Don Bosco Verlag Bildmeditationen zum Rosenkranz herausbringt. Der Rosenkranz ist ein wirksames Mittel, um gleichsam an der Hand Mariens in einen lebendigen Kontakt mit Christus zu treten. Die Farben und Formen der Bildmeditationen von Sr. M. Katharina Horn, Franziskusschwester in Vierzehnheiligen, bieten einen visuellen Zugang zum Rosenkranz. Das gesprochene oder meditierende Gebet erhält dadurch eine wertvolle Ergänzung. Im Dreiklang von Sehen, Lesen und hörendem Schweigen kann das Evangelium seine Kraft in uns entfalten.

Mögen die Aquarelle und die Begleittexte ferner dazu beitragen, dass der Rosenkranz wieder entdeckt wird als ein Schatz, der uns die Erfahrung der tiefen Liebe Christi schenkt (vgl. Apost. Schreiben zum Rosenkranzjahr).

Der Publikation wünsche ich, dass sie viele anregt, immer tiefer in das Geheimnis Gottes einzutauchen sowie die Liebe Christi zu erfahren und sie weiterzugeben.

+ Ludwig Schick

Prof. Dr. Ludwig Schick
Erzbischof von Bamberg

Einleitung

Kennen Sie die Momente im Leben, die man nie vergisst und doch nie beschreiben kann?

Sie sehen einen Schmetterling oder eine Kerze, vielleicht nur ein Blatt welkes Laub, und plötzlich sehen Sie tiefer, sehen Sie mehr als die tausend Male zuvor. Sie vernehmen neue Töne, hören vertraute Sätze mit neuen Ohren … mit dem Herzen. Sie finden keine Worte, doch Sie finden Frieden … oder Erkenntnis! Der Rosenkranz beginnt, wo die Worte enden, oder wo sie mehr sagen als Worte. Was der Kopf nicht fassen kann, fasst das Herz.

Geheimnis-voll!
Das Leben ist voller Geheimnisse, weil Gott das Leben ist,
weil Er immer mehr ist, als wir erfassen können,
weil der Ewige, Unveränderliche,
doch immer neu ist
und voller Überraschungen und Geheimnisse.
Die unbegreiflichste Überraschung, das tiefste Geheimnis Gottes:
Er wurde ein Mensch. Er wurde einer von uns.
Ein »Du«!
Er weiß, wie ich mich fühle, wenn ich vor Freude fast zerspringe
und wenn Sorgen mein Herz zerfressen.

Er weiß, wie es sich anfühlt, wenn ein frischer Wind mir an einem heißen Tag die Stirn kühlt, und wie schwer es mir fällt, morgens aus dem Bett zu kommen, wenn ein Berg Arbeit auf mich wartet.

Zeit ist für den ewigen Gott ohne Bedeutung. Er steht über der Zeit. Darum ist das Leben Jesu keine Vergangenheit. Der Rosenkranz hilft uns, das Leben Jesu Gegenwart werden zu lassen. Heute. Für uns. Wir holen damit Jesus in unseren Alltag. Wir verbinden sein Leben mit unserem Leben. Und können im Vergleich feststellen, dass auch er unsere Sorgen und Ängste, unsere Freuden und Gefühle erlebt hat.
Diesem Jesus zu begegnen und aus dieser Begegnung die Geheimnisse meines Leben, meines Glaubens neu zu entdecken, darum geht es im Rosenkranz.

PATRICK MARTIN

Die Bilder laden ein
zum Verweilen,
Betrachten,
Verkosten.

Diese Bilder verraten nicht,
wie es damals geschehen ist,
sondern regen an zu fragen:
Was ist geschehen?
Was hat es mit mir zu tun?

Die Bilder können Geborgenheit schenken
oder auch Unruhe
entstehen lassen.

Letztendlich ist es so und wird es so bleiben:
GOTT IST GEHEIMNISVOLL

M. Katharina Horn und Patrick Martin

Zum Verständnis der Bilder

Der Kreis ist ein Zeichen
für Vollkommenheit,
Ganz-sein,
Ich-sein,
Da-sein.

Etwas ist eine »runde Sache«.
Die Kugel ist der dreidimensionale Ausdruck des Kreises.
Sie macht den Kreis real und verleiht ihm
Dynamik und Bewegung.

Jede Farbe symbolisiert ein Gefühl, einen Zustand …

● Blau	die Farbe des Glaubens, der Nähe zu Gott
○ Weiß	die Farbe der Vollkommenheit (Weiß beinhaltet alle Farben)
● Gelb	die Farbe des Lichtes und der Freude
● Rot	die Farbe der Liebe, aber auch der Angst, des Schmerzes, der Wut und des Feuers, der Kraft
● Grün	die Farbe der Hoffnung

Eine weiteres Element ist die in der Kunst allgemein angenommene »Zeitlinie«:

Sie verläuft von links (Vergangenheit)
über die Mitte (Gegenwart)
nach rechts (Zukunft).
Oben symbolisiert die Nähe zu Gott,
unten zum Menschsein.

Jesus, der in uns den Glauben vermehre
Jesus, der in uns die Hoffnung stärke
Jesus, der in uns die Liebe entzünde

Aus dem Glauben
erwächst Hoffnung
und daraus die Liebe.

Aber nur, wenn sie im Lichte Gottes stehen.

Aus dem Licht Gottes
kommt die Liebe hervor
sie birgt in sich die Hoffnung
und trägt den Glauben.

2003/GHL

Der freudenreiche Rosenkranz

Wann und wo wurde Jesus geboren? Vor 2000 Jahren in Betlehem? – Natürlich! Aber könnte nicht auch unser Leben die Antwort auf diese Frage sein? Wie Maria leiblich dazu berufen war, Jesus in sich aufzunehmen und den Menschen den Erlöser zu bringen, sind wir es in geistlicher Hinsicht.

Lassen wir also Raum und Zeit verschmelzen in unserer Betrachtung und das einmalige Geheimnis der Menschwerdung in unser Leben aufnehmen. Verbinden wir unser Ja mit Marias Ja durch unser Gebet.
So unterschiedlich wie wir Menschen sind auch die Möglichkeiten, heute durch unser Leben Jesus zu den Menschen zu tragen. Entdecken wir unsere Möglichkeit durch den freudenreichen Rosenkranz.

PATRICK MARTIN

Jesus, den du, o Jungfrau, vom Heiligen Geist empfangen hast

Der Heilige Geist –
größer, vollkommener als alles andere,
was wir uns vorstellen können –
kommt zu Maria,
die von Gott durchdrungen ist.

Sie hat vor Gott Gefallen gefunden:
»Der Herr ist mit dir!«

In Maria ist eine Spur von Angst,
doch der Engel spricht: »Fürchte dich nicht!«

Der Grund, auf dem das geschieht,
ist Liebe.

In der Begegnung mit dem Geist Gottes
sich tragen und umfangen lassen von großer Liebe,
sich ganz hingeben
in Liebe.

Jesus, den du, o Jungfrau, zu Elisabet getragen hast

Maria trifft in Elisabet auf eine Seelenverwandte.

Sie können sich einander in Liebe zuwenden.
Zwischen beiden ist die Vertrautheit zu spüren.
Elisabet erkennt intuitiv Gottes Gegenwart in Maria.

Wirkliche Begegnung ist auch Gotteserfahrung.

Jesus, den du, o Jungfrau, (in Betlehem) geboren hast

Jesus hat Maria verlassen.
Das ist an beiden nicht spurlos vorübergegangen –
sie tragen ein Stück des anderen mit sich.

Jesus wird in eine Umgebung hineingeboren,
die arm und erbärmlich ist.
In den Menschen hinein.

Die Geburt geht nicht ohne Angst und Schmerzen ab,
aber doch ist der Raum erfüllt von Freude.

Lassen wir es zu!

2002/II/3

Jesus, den du, o Jungfrau, im Tempel aufgeopfert hast

Maria trägt Jesus in den Tempel.
Der Tempel – ein zu Gott hin offener Raum.

Sie muss die Verantwortung für dieses Kind
nicht allein tragen –
sie darf es Gott hingeben.

Aus Liebe
und im Vertrauen auf Gott
ist Hingabe möglich
auch im Kleinen
– täglich.

2002/I 14

Jesus, den du, o Jungfrau, im Tempel wiedergefunden hast

Maria steht vor dem Tempel.

Jesus weiß, wo das Haus seines Vaters ist.
Er bezieht Stellung.

Seine Mutter steht auf der anderen Seite.
Ein neues Ja wird von ihr gefordert.
Die Spannung ist spürbar.

Loslassen –
verlieren –
wiederfinden …

… und sich nicht entmutigen lassen.

2002/II/5

Der lichtreiche Rosenkranz

Was unterscheidet uns gläubige Christen von den anderen Menschen? Sind wir besser?

Der Unterschied liegt in der Person Jesu Christi selbst. Wir erleben die Welt als Getaufte, als Kinder Gottes.

Diese Sicht macht uns nicht automatisch zu besseren Menschen, aber sie macht es uns leichter, ein erfülltes Leben zu führen. Oft vergessen wir in unserem Alltag diese Geheimnisse. Der Rosenkranz kann sie uns ins Gedächtnis zurückrufen.

Die lichtreichen Geheimnisse sind die Geheimnisse der Verwandlung. Denken wir um, machen wir kehrt, nehmen wir das Gute in unser Leben auf.
Wie verändert diese Sicht unser heutiges Handeln?

Patrick Martin

Jesus, der von Johannes getauft worden ist

Jesus taucht in Gott, den Vater, ein
und kommt aus Ihm hervor.
Er ist berührt,
umfangen,
getragen,
gehalten vom Vater.

Gottes Vollkommenheit berührt
und umfängt auch uns liebevoll:
»Du bist mein geliebter Sohn.« –
»Du bist meine geliebte Tochter.«

2002 II/1

Jesus, der sich bei der Hochzeit zu Kana offenbart hat

Jesus und Maria stehen sich gegenüber:
getragen von einem Grund aus Liebe und Glaube;
beschirmt von Glaube und Liebe.

Zwischen ihnen ist eine Spannung spürbar,
ein Warten auf die richtige Stunde.

Wenn die Liebe von Glauben durchdrungen ist
und der Glaube aus der Liebe lebt,
dann wird Wasser in süßen Wein gewandelt.

Jesus, der uns das Reich Gottes verkündet hat

Jesus kommt von Gott gesandt in die Welt.
Er schiebt einen Bogen von Farben vor sich her,
bringt Licht, Leben, Farbe, Freude
– das Reich Gottes.

Der Regenbogen – das Zeichen des Bundes.

Gott bekräftigt in Jesus Christus seinen Bund mit uns.
Das Reich Gottes ist in der Welt angebrochen
und lädt auch uns zum Neubeginn ein,
zum glaubenden, hoffenden und liebenden Dasein.

2002/II 13

Jesus, der auf dem Berg verklärt worden ist

»Und seine Kleider leuchteten weißer als Schnee.«

Die Fülle des Lichtes und der Herrlichkeit blenden.
Diese Überfülle kann ängstigen,
aber dennoch Geborgenheit schenken.

Im Hintergrund scheint ein Kreuz auf –
eine Ahnung des Leids des Karfreitags
und der Freude des Ostermorgens.
Leid wird in einem neuen Licht gesehen.

Die Annahme des Leids erweckt die Kraft zur Annahme des Leids.
Dieses Paradox ist nur möglich
im Vertrauen auf den entgegenkommenden Gott,
im Sich-hinein-Verlieren in Seine Gegenwart.

Auch in unserem Alltag.

Jesus, der uns die **Eucharistie geschenkt hat**

»Seht, das ist mein Leib, der für euch hingegeben wird.«
»Seht, das ist mein Blut, das für euch vergossen wird.«

Jesus schenkt sich selbst
in Brot und Wein –
ganz und gar – ohne Kompromisse.

Das gibt uns Feuer, Energie, Kraft, Macht,
unser Leben zu leben.

Der schmerzhafte Rosenkranz

Wie kann Gott das Leid zulassen?
Warum trifft es mich so schwer?
Gott gibt keine Antwort. – Er geht mit!

Er weiß, was es heißt, von Sorgen und Angst zerfressen, von anderen verspottet und allein gelassen zu werden.
Er geht mit und er trägt die Last.

Wer in einem Aufzug sein Gepäck in der Hand trägt, um den Aufzug zu entlasten, vergisst, dass der Aufzug das Gepäck ohnehin trägt.

Jesus hat unsere Schuld schon getragen. Wir sind Erlöste. Wir sind frei davon, perfekt sein zu müssen. Die Gebote sind erfüllt. Der Himmel wurde erkauft mit Gottes einzigem Sohn aus Liebe zu uns. Wir können uns den Himmel nicht verdienen. Wir brauchen das Gute nicht zu tun, *damit* Gott uns liebt, sondern wir dürfen das Gute tun, *weil* Gott uns liebt.

Patrick Martin

Jesus, der für uns **Blut geschwitzt hat**

Jesus hat Angst.
Er ist ein Mensch
mit Angst,
Schmerz,
Tränen.

Keine Not ist ihm fremd.

In seiner Angst
meine Ängste zulassen.

– Mitleiden.

Jesus, der für uns **gegeißelt worden ist**

Ein Strudel scheint Jesus mitzureißen
und zu verschlingen.
Jesus gerät in den Strudel
von Schmerz und Verleumdung.

Ein Spielball –
ausgeliefert.

– Durchhalten.

2002/II/2

Jesus, der für uns
mit Dornen gekrönt worden ist

Jesus ist getroffen,
der Dorn drückt ihn nieder.

Er wird mit Spott und Verachtung gekrönt.

Spürbare Spannung,
spürbarer Schmerz.

– Standhalten.

2002/III/3

Jesus, der für uns
das schwere Kreuz getragen hat

Fast spielerisch balanciert Jesus den Balken,
doch er ist schwer und starr.

Jesus nimmt das Kreuz auf sich.

In Glauben und Liebe verwurzelt
weist die Hoffnung den Weg.

– In Hoffnung Leid tragen macht es er-träglich.

2002/III/4

Jesus, der für uns **gekreuzigt worden ist**

Jesus –
aufgespießt am Kreuz.

Festgenagelt.
Bloßgestellt.
Ausgestellt.
Festgestellt.

– Aushalten.

2002/III 15

Der glorreiche Rosenkranz

Der graue Alltag zieht uns nach unten. Oft sind wir gefangen in einem ewig monotonen Rhythmus. Wir fühlen uns leer. Das Leben scheint sinnlos!
Und plötzlich wird es Sonntag!
Nach einer langen Nacht taucht das Tageslicht die Welt in neue Farben. Es ist dieselbe Welt und doch spüren wir die Wärme und sie erscheint uns neu.

Ob wir einen schweren Schicksalsschlag hinter uns haben oder nur Schwierigkeiten, morgens früh aus dem Bett zu kommen: Die christliche Hoffnung, Jesu Auferstehung, gibt uns Kraft zum Leben.

Wir haben denselben Geist empfangen, der Jesus von den Toten auferweckte. Wir sind Kinder Gottes und werden wie Maria in seine Herrlichkeit aufgenommen und gekrönt. Vereinen wir im Rosenkranzgebet die Ereignisse der Auferstehung mit unserem Leben.

Patrick Martin

Jesus, der von den **Toten auferstanden ist**

Christus sprengt die irdische Hülle.

Er entschlüpft ihr
und strebt hinaus,
die frohe Botschaft zu bezeugen,
den Glauben zu vermehren,
die Hoffnung zu stärken
und die Liebe zu entzünden.

Wenn wir es zulassen.

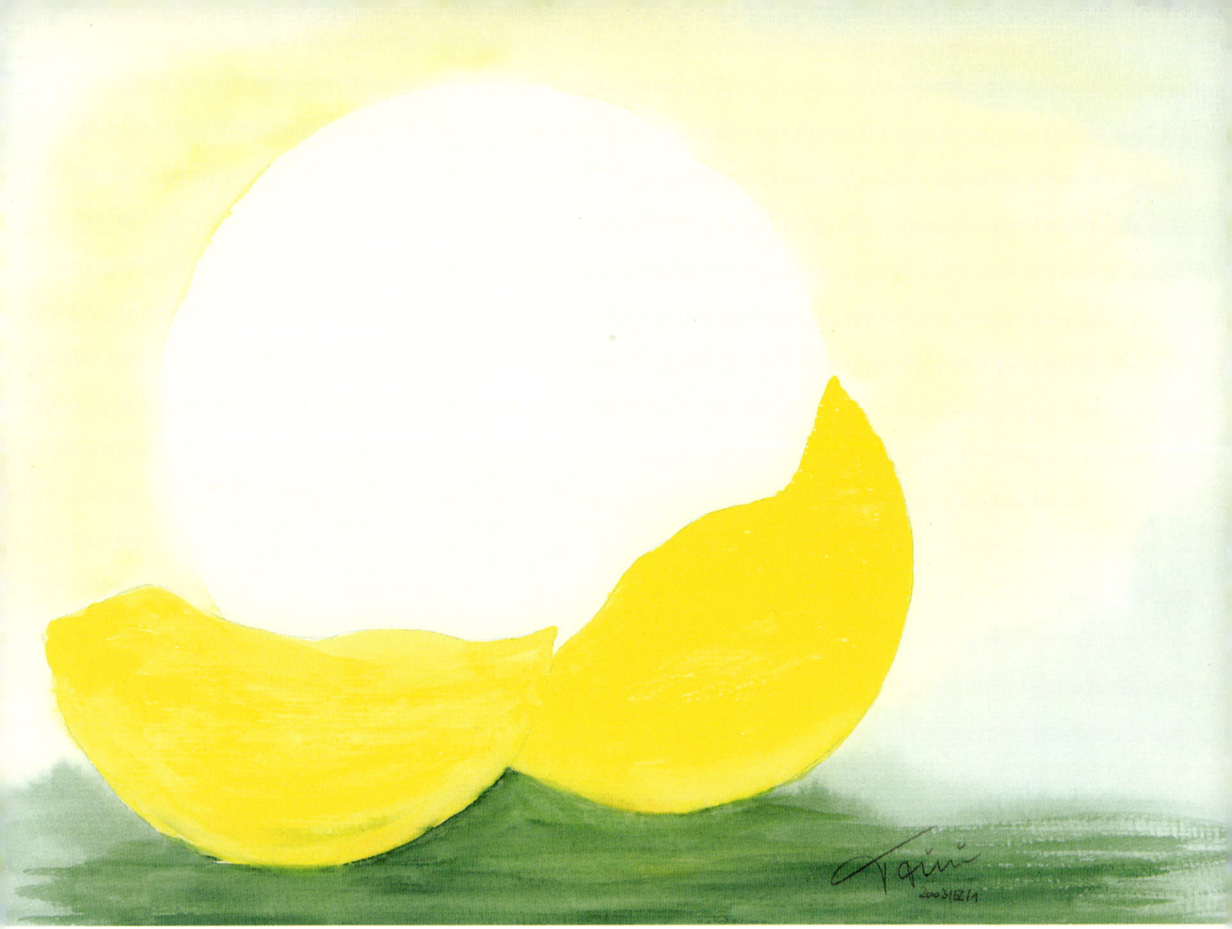

Jesus, der in den Himmel aufgefahren ist

Christus schwebt aus dem Bild,
verliert seine Konturen,
geht ganz in Gott ein.

Der Segen bleibt
und erfüllt die Erde.

2003/IV/12

Jesus, der uns den **Heiligen Geist gesandt hat**

Christus verströmt Licht und Kraft.

Er knüpft eine lebendige Verbindung zu den Menschen.
In der lebendigen Beziehung
Gottes Kraft empfangen,
sich füllen lassen.

– Ausströmen.

Jesus, der dich, o Jungfrau, in den Himmel aufgenommen hat

Christus heißt seine Mutter Maria willkommen.

Sie lässt sich ein
auf die Herrlichkeit Gottes.

Aufgenommen werden,
eingehen,
teilhaben.

2003/IV/14

Jesus, der dich, o Jungfrau, im Himmel gekrönt hat

Maria ist ein Teil der Herrlichkeit Gottes geworden.

Sie strahlt nun selbst,
weil sie Anteil hat an Gott.

Eine Verheißung auch für mich.

2003/IV/5

Wie bete ich den Rosenkranz?

Wer einen gewohnten Weg geht, braucht nicht viel über diesen Weg nachzudenken. Die Gedanken sind frei. Man kann ein Ziel ins Auge fassen oder Erinnerungen nachhängen. Aber auch der Weg ist wichtig, um sich nicht zu verirren.
Der Rosenkranz gleicht diesem Weg: Wenn er zur Gewohnheit geworden ist, braucht man nicht mehr auf die einzelnen Worte des Gebetes zu hören oder darüber nachzudenken. Man kann das Geheimnis ins Auge fassen, auf Gott hören, den eigenen Gefühlen nachhängen und Gottes Nähe verkosten. Aber auch die Worte sind wichtig, um nicht abzuschweifen, wenn wir das Leben Jesu betrachten.
Es braucht allerdings etwas Geduld. Erst wenn der Rosenkranz zur sicheren Gewohnheit geworden ist, wird es gelingen, sich ganz in sein Geheimnis zu versenken.

Obwohl Christus die Mitte und das Ziel des Rosenkranzes ist, wird man ohne Maria wohl kaum einen Zugang zum Rosenkranz bekommen.
Maria ist das Urbild der Kirche, sie steht für alle Christen, die Ja sagen zu Gott. Nicht allein das Schauen und Hören auf Jesus ist wichtig, auch die Blickrichtung ist entscheidend. Betrachte ich Ihn aus der Sicht der Jünger, der Schriftgelehrten oder der Römer? Niemand hat Jesus so gut gekannt wie Maria, in allen Stationen seines Lebens. Durch ihre Augen schauen wir im Rosenkranz auf Jesus.

Der Rosenkranz gehört zu den freien Gebeten, zur Meditation. Nach außen hin mag er sich wie ein monotones Leiern anhören, aber innen kann es von Leben nur so sprühen.
Betrachtet man einen Wildbach von außen, scheint er monoton, das Wasser rauscht immer in gleichen Bahnen. Wenn ich aber Teil des Wassers bin oder mit einem Boot darauf fahre, erlebe ich die Kraft und das Leben.

Die Gebetstexte

Wird der Rosenkranz in Gemeinschaft gebetet, geschieht das oft im Wechsel zwischen Vorbeter und Gemeinde oder zwischen zwei Gruppen. Der *Text des Vorbeters* ist im Folgenden kursiv gedruckt.

Das Kreuzzeichen
Mit dieser Geste erinnern wir uns an unsere Taufe auf den Dreieinigen Gott, wir lassen uns von Gottes Liebe umfangen. Zeichen dieser Liebe ist das Kreuz.

Im Namen des Vaters
und des Sohnes
und des Heiligen Geistes
Amen.

Das Glaubensbekenntnis

Zur Einstimmung bekennen wir unseren Glauben, der im Rosenkranz Geheimnis für Geheimnis betrachtet wird.

Ich glaube an Gott, den Vater, den Allmächtigen,
den Schöpfer des Himmels und der Erde,
und an Jesus Christus, seinen eingeborenen Sohn, unsern Herrn,
empfangen durch den Heiligen Geist,
geboren von der Jungfrau Maria,
gelitten unter Pontius Pilatus, gekreuzigt, gestorben und begraben,
hinabgestiegen in das Reich des Todes,
am dritten Tage auferstanden von den Toten,
aufgefahren in den Himmel;
Er sitzt zur Rechten Gottes, des allmächtigen Vaters;
von dort wird er kommen, zu richten die Lebenden und die Toten.
Ich glaube an den Heiligen Geist,
die heilige katholische Kirche,
Gemeinschaft der Heiligen,
Vergebung der Sünden,
Auferstehung der Toten
und das ewige Leben. Amen.

Das »Ehre sei dem Vater ...«
Das Ziel von jedem Gebet ist nicht in erster Linie die Erfüllung meiner persönlichen Wünsche und eine spirituelle Erfahrung. Ziel ist die Ehre des Dreifaltigen Gottes. Daran erinnert der Lobpreis am Ende von jedem Geheimnis.

Ehre sei dem Vater
und dem Sohn
und dem Heiligen Geist
wie im Anfang so auch jetzt und allezeit
und in Ewigkeit. Amen.

Das »Vaterunser« (Gebet des Herrn)
Jedes Geheimnis des Rosenkranzes beginnt mit dem Gebet, das Jesus uns selbst gelehrt hat. Dieses Gebet sollten Sie langsam und bewusst sprechen, auch wenn Sie es schon tausendmal gesprochen haben. Erleben Sie die Tiefe und den Reichtum dieser Worte.

Vater unser im Himmel, geheiligt werde dein Name.
Dein Reich komme.
Dein Wille geschehe, wie im Himmel so auf Erden.
Unser tägliches Brot gib uns heute.
Und vergib uns unsere Schuld,
wie auch wir vergeben unseren Schuldigern.

Und führe uns nicht in Versuchung,
sondern erlöse uns von dem Bösen.
(Denn Dein ist das Reich und die Kraft
Und die Herrlichkeit in Ewigkeit. Amen.)

Das »Gegrüßet seist du Maria« (Ave Maria)

Die Worte der Bibel, mit denen unsere Erlösung begann, die Verkündigung des Engels an Maria, eine von uns, und Elisabets Preisung sind die Einleitung des »Ave Maria«.
Jesus ist Kern und Mitte des Gebetes. An seinen Namen wird jeweils das Geheimnis des Rosenkranzes angefügt.

Im Rosenkranz wird in das Ave Maria das Geheimnis eingefügt und zehnmal wiederholt. Hierbei sollten Sie sich nicht auf die einzelnen Worte konzentrieren, sondern können das Leben Jesu mit den Augen seiner Mutter Maria betrachten und seinen Worten mit ihrem Herzen lauschen.

Gegrüßet seist du Maria, voll der Gnade,
der Herr ist mit dir.
Du bist gebenedeit unter den Frauen,
und gebenedeit ist die Frucht deines Leibes, **Jesus,**
der… (hier wird das jeweilige Geheimnis eingefügt)

Heilige Maria, Mutter Gottes,
bitte für uns Sünder
jetzt und in der Stunde unseres Todes. Amen.

Die Gebetsschnur

Die Perlen des Rosenkranzes sind einerseits eine Hilfe zum Abzählen der Gebete, andererseits sind sie gleichsam Spuren von Jesus. Ihm folgen wir auf den Stationen seines Lebens im Rosenkranzgebet. Ihm folgen wir aus der Kraft dieses Gebetes mit unserem Leben.
Wenn wir den Rosenkranz mit seinen fünf Geheimnissen in die Hand nehmen, greifen wir nach der Hand von Jesus und lassen uns von Ihm führen. Die Perlen sind die Erinnerungen an das Wort Gottes. Beim Beten begegnen uns die Perlen der Heiligen Schrift.
Die Zusammenfassung des ganzen Evangeliums halten wir mit dem Kreuz in der Hand: Jesus ist am Kreuz für uns gestorben und hat uns erlöst und befreit von aller Sünde. *

*Vgl.: Joachim Kardinal Meisner: Der Heilige Rosenkranz, in: Fatima ruft, Dez. 92

Große Perlen = Vaterunser

Kleine Perlen = Gegrüßet seist Du, Maria

Reihenfolge des Betens:

Einführung:

1. Kreuzzeichen
2. Glaubensbekenntnis
3. »Ehre sei dem Vater…« (Für diesen Lobpreis ist keine Perle vorgesehen)
4. Vaterunser
5. Drei »Gegrüßet seist du, Maria« mit den Einfügungen der 3 göttlichen Tugenden:
   5.1 …Jesus, der in uns den Glauben vermehre.
   5.2 …Jesus, der in uns die Hoffnung stärke.
   5.3 …Jesus, der in uns die Liebe entzünde.
6. »Ehre sei dem Vater…«

Die Geheimnisse:

7. Vaterunser
8. Zehn »Gegrüßet seist du, Maria« mit der Einfügung des (hier im Bsp.: freudenreichen) Geheimnisses:
   … Jesus, den du, o Jungfrau, vom Heiligen Geist empfangen hast.
9. »Ehre sei dem Vater …«

10. Vaterunser
11. Zehn »Gegrüßet seist du, Maria« mit der Einfügung des Geheimnisses:
    … Jesus, den du, o Jungfrau, zu Elisabet getragen hast.
12. »Ehre sei dem Vater …«

13. Vaterunser
14. Zehn »Gegrüßet seist du, Maria« mit der Einfügung des Geheimnisses:
    … Jesus, den du, o Jungfrau, (zu Betlehem) geboren hast.
15. »Ehre sei dem Vater …«

16. Vaterunser
17. Zehn »Gegrüßet seist du, Maria« mit der Einfügung des Geheimnisses:
    … Jesus, den du, o Jungfrau, im Tempel aufgeopfert hast.
18. »Ehre sei dem Vater …«

19. Vaterunser
20. Zehn »Gegrüßet seist du, Maria« mit der Einfügung des Geheimnisses:
    … Jesus, den du, o Jungfrau, im Tempel wieder gefunden hast.
21. »Ehre sei dem Vater …«

Besonders beim persönlichen Beten können die Geheimnisse auch frei gewählt werden, um es zum Beispiel dem Evangelium des kommenden Sonntags anzupassen. Etwa: »Jesus, der gute Hirte« oder »Jesus, der einer

Ehebrecherin die Sünden verziehen hat.« Dies eignet sich gut für die private Vorbereitung auf die Sonntagsmesse. Das Geheimnis kann auch einmal zu Beginn gesprochen werden, am Besten in Verbindung mit der Bibelstelle und einer kurzen Stille.

Nach dem »Ehre sei dem Vater …« am Ende der Geheimnisse kann ein Gebet gesprochen werden, das in Verbindung zum christlichen Leben stehen sollte, z. B.:

»Gütiger Gott, hilf uns, durch die Betrachtung der Geheimnisse des Rosenkranzes das nachzuahmen, was sie enthalten, und zu erlangen, was sie verheißen. Darum bitten wir durch Jesus Christus unsern Herrn. Amen.«**

Patrick Martin

**Vgl.: Johannes Paul II: Rosarium Virginis Mariae, Verlautbarung des Apostolischen Stuhls 156, 2002

Zur Geschichte des Rosenkranzes

Das betrachtende Gebet ohne Worte und das liebevolle Versenken in das Leben Jesu sind so alt wie das Christentum selbst. Aber nicht jedem fällt diese Art der Meditation leicht.
So betrachteten Laienbrüder und Gläubige im Frühmittelalter die biblischen Texte und Glaubensgeheimnisse in Verbindung mit Marienanrufungen, die aus 50 bis 150 Ave Maria bestanden. Damit lehnten sie sich an das Gebet der 150 Psalmen an, die hauptsächlich vom Klerus im Stundengebet gebetet werden. Der Name »Psalter des Rosenkranzes« stammt daher. Mit der Zeit entstanden zahlreiche Varianten dieses Gebetes mit verschiedenen Themen und Zählungen.
Nach einer Legende aus dem 13. Jahrhundert schmückte ein Mönch die Muttergottes mit einem Kranz aus 50 Ave Maria, als er keine Möglichkeit hatte, an Blumen zu kommen. Daher auch der Name »Rosenkranz«.
Um 1400 bediente sich Adolf von Essen, aus der Kartause in Trier, dieses Gebets, um durch die Augen Marias auf das Leben Jesu zu schauen. Adolf riet auch der Herzogin Margarethe von Lothringen, auf diese Weise ihr Leben mit dem Leben Jesu zu vergleichen. Das Rosenkranzgebet half ihr durch viele Schicksalsschläge.

Dominikus, ein Mitbruder Adolfs, fügte Sätze vom Leben Jesu in die Ave Maria ein, um sich besser konzentrieren zu können und den Inhalt der Betrachtung immer vor Augen zu haben.
Heinrich Egher von Kalkar († 1408), ein Kartäuser aus Köln, teilte den Rosenkranz in je 10 Ave Maria, zwischen denen ein Vaterunser gebetet wurde. Die 50 Sätze wurden zunächst in 3 mal 5 »Gesätze« des Rosenkranzes zusammengefasst. Der Name »Gesätz« kommt also von »Satz« und hat keineswegs etwas mit dem »Gesetz« zu tun.
Vor allem die Dominikaner und Jesuiten verbreiteten die Rosenkranzfrömmigkeit. 1568 erhielt das Ave Maria seine heutige Form mit der angehängten Bitte an Maria und wurde von Papst Pius V. in das Brevier aufgenommen. Um 1700 fügte Grignon von Monfort das Credo, das Vaterunser und die drei Ave Maria vor den Rosenkranz.
2002, zu Beginn des Rosenkranz-Jahres, erweiterte Papst Johannes Paul II. die drei traditionellen Geheimnisse (die freudenreichen, schmerzhaften und glorreichen) um die lichtreichen Geheimnisse.

Patrick Martin

Ein Wort zum Schluss

Die Bilder zum Rosenkranz entstanden im Jahr des Rosenkranzes, 2003 – während meines Noviziates bei der Diözesankongregation der St. Franziskusschwestern von Vierzehnheiligen. In dieser Zeit habe ich endlich einen Zugang zu dieser alten Form der Meditation gefunden.
Viele haben mich ermutigt, die Bilder einem größeren Kreis von Beterinnen und Betern zugänglich zu machen. Ihnen möchte ich auch in ihrem Namen danken.
Mein besonderer Dank gilt Sr. Regina Pröls und Sr. Franziska Dieterle für die tatkräftige Unterstützung. Außerdem danke ich meinem langjährigen Freund, dem Theologen und erfolgreichen Pantomimen Patrick Martin für die einleitenden und erklärenden Texte sowie unserem Erzbischof Prof. Dr. Ludwig Schick für sein Vorwort.
Ich hoffe, dass dieses Buch vielen Menschen eine Hilfe sein wird, den Rosenkranz neu oder wieder zu entdecken.

M. Katharina Horn